REFLEXÕES SOBRE A SOCIEDADE HUMANA

ENSAIO FILOSÓFICO E SOCIOLÓGICO

ISBN: 9798875678240

DEDICATÓRIA

Aos que buscam desbravar as complexidades da condição humana, este livro é dedicado. Que cada página seja uma fonte de inspiração para compreendermos e agirmos diante dos desafios que moldam nossas sociedades.

ÍNDICE

PREFÁCIO

Neste ensaio filosófico e sociológico, convido os leitores a embarcar em uma jornada de reflexão profunda sobre a complexidade humana. Inspirados pelas palavras do Presidente José Eduardo dos Santos, exploraremos não apenas o discurso político, mas as camadas mais profundas que conectam indivíduos, sociedade, e o mundo que compartilhamos.

O livro não pretende ser uma análise restrita ao contexto angolano, mas uma busca pelas verdades universais que transcendem fronteiras geográficas e culturais. Ao desvendar as intricadas teias da condição humana, aspiramos contribuir para uma compreensão mais ampla e empática do mundo que habitamos.

AGRADECIMENTOS

Expressamos nossa gratidão ao Presidente José Eduardo dos Santos por fornecer a base filosófica e sociológica para esta obra. Agradecemos também àqueles que, de diversas formas, contribuíram para a realização deste projecto, compartilhando conhecimento e perspectivas valiosas.

PRÓLOGO

Na abertura desta jornada, mergulhamos nas palavras de sua Excelência, o Presidente José Eduardo dos Santos, proferidas na II Sessão Legislativa da III Legislatura da Assembleia Nacional em Angola. Este discurso não é apenas um ponto de partida; é um convite para compreendermos as complexidades individuais e sociais que permeiam nossa existência.

A análise aqui apresentada transcende o discurso presidencial, buscando desvendar as raízes mais profundas da complexidade humana. Ao fazê-lo, aspiramos contribuir para diálogos mais amplos sobre a democracia, sociedade contemporânea, ética, identidade cultural, educação, economia e sustentabilidade ambiental.

INTRODUÇÃO

Nesta jornada intelectual, somos guiados pela busca intrépida das complexidades que definem a condição humana. À medida que abrimos as páginas deste ensaio filosófico e sociológico, convidamos os leitores a uma exploração profunda das profundezas intricadas que compõem nossa existência. O ponto de partida? O discurso do Presidente José Eduardo dos Santos na II Sessão Legislativa da III Legislatura da Assembleia Nacional em Angola, proferido em 15 de outubro de 2013, não como um ponto final, mas como uma porta de entrada para a compreensão mais profunda da complexidade humana.

Esta análise transcende as fronteiras geográficas e políticas, desvendando não apenas as nuances do contexto angolano, mas também as verdades universais que conectam a humanidade. Ao escolhermos as palavras do Presidente como nosso guia, buscamos não apenas decifrar o discurso político imediato, mas desvelar as camadas mais profundas que entrelaçam as complexidades individuais com as dinâmicas sociais mais amplas.

José Eduardo dos Santos, figura central deste estudo, não é apenas o líder de Angola, mas um microcosmo intrigante da complexidade humana imersa em um cenário de poder e responsabilidade. Ao examinar suas palavras, não nos limitamos à análise das intenções políticas; aspiramos a penetrar nas raízes mais profundas de sua compreensão da natureza humana e sua visão para a sociedade.

Ao lançarmos nosso olhar para além das fronteiras nacionais, esta análise aspira a contribuir para diálogos globais sobre temas essenciais à compreensão da condição humana. A democracia, enquanto expressão da vontade colectiva, será desvendada não apenas como um fenômeno político, mas como um reflexo da complexidade dos valores, expectativas e relações interpessoais que moldam o curso da história.

Convidamos cada leitor a embarcar em uma reflexão que transcende as palavras, uma busca incessante por uma compreensão mais profunda do que significa ser humano no contexto da sociedade e da política. Este ensaio não apenas analisará o discurso presidencial, mas incitará uma jornada de autorreflexão, visando uma compreensão holística do intricado mosaico humano que compõe as sociedades que habitamos.

A COMPLEXIDADE HUMANA

Na abertura desta jornada filosófica e sociológica, somos convidados a explorar as profundezas intricadas da complexidade humana, utilizando o discurso sobre o estado da nação, proferida por sua Excelência José Eduardo dos Santos, Presidente da república de angola, na abertura da II Sessão Legislativa da III Legislatura da Assembleia Nacional, em luanda, aos 15 de outubro de 2013, como nosso ponto de partida.

Esta análise não se restringirá ao contexto angolano, mas pretende desvelar aspectos universais da natureza humana que permeiam fronteiras geográficas e culturais. Ao mergulharmos nessa investigação, buscaremos desvendar camadas mais amplas de pensamento, proporcionando uma compreensão mais abrangente do tecido social que une e define nossas sociedades.

A complexidade humana, como conceito central, transcende as especificidades geográficas e políticas. Cada indivíduo, independente da sua origem, está imerso em uma teia intrincada de emoções, relações sociais, aspirações e dilemas éticos. Ao escolhermos o discurso presidencial como ponto de partida, pretendemos analisar como essas complexidades individuais se entrelaçam com as dinâmicas sociais mais amplas, influenciando e sendo influenciadas pela esfera política e sociocultural.

O Presidente José Eduardo dos Santos, como figura central deste estudo, representa não apenas a liderança de Angola, mas também um microcosmo da complexidade humana em um cenário de poder e responsabilidade. Ao examinarmos suas palavras, buscamos não apenas compreender suas intenções políticas imediatas, mas também desvendar as camadas mais profundas de sua compreensão da natureza humana e sua visão para a sociedade.

Ao transcender as fronteiras nacionais, esta análise aspira a contribuir para uma discussão mais ampla sobre temas que são fundamentais para a compreensão da condição humana. A democracia, como uma expressão da vontade colectiva, será abordada não apenas como um fenômeno político, mas como um reflexo da complexidade dos valores, das expectativas e das relações interpessoais que moldam o curso da história.

A dinâmica da sociedade contemporânea, permeada por avanços tecnológicos, mudanças culturais e desafios globais, será explorada como um campo fértil para a manifestação da complexidade humana. Como indivíduos e como sociedade, somos confrontados com questões prementes que exigem uma compreensão profunda e nuance, e é nesse contexto que nos propomos a desbravar as camadas mais profundas da complexidade humana.

Cada reflexão que se seguirá será uma jornada de descoberta, uma busca constante por uma compreensão mais profunda do que significa ser humano no contexto da sociedade e da política. Este ensaio filosófico e sociológico não apenas analisará o discurso presidencial, mas também convidará o leitor a refletir sobre sua própria posição nessa tapeçaria complexa, buscando uma compreensão mais holística do mundo que habitamos.

O DISCURSO COMO ESPELHO DA SOCIEDADE

Ao adentrarmos a segunda reflexão deste ensaio, aprofundamo-nos na ideia de que o discurso presidencial atua como um espelho da sociedade. As palavras proferidas pelo Presidente refletem não apenas suas convicções individuais, mas também as aspirações, desafios e conflitos que permeiam o tecido social angolano. Cada expressão articulada não é apenas uma manifestação de pensamento político, mas uma representação simbólica das complexidades presentes na sociedade.

A análise do discurso vai além das palavras superficiais, buscando capturar nuances, subtextos e o tom que ecoam nas entrelinhas. A escolha de temas, a ênfase em determinadas questões e até mesmo o silêncio sobre outras são elementos que revelam a dinâmica mais profunda da sociedade. Assim, o discurso presidencial não é apenas uma comunicação unilateral, mas uma interação complexa entre o líder e os cidadãos.

Nossa jornada nos levará a questionar como as complexidades individuais se refletem nas estruturas sociais mais amplas e, reciprocamente, como as dinâmicas sociais moldam a psique individual. As preocupações expressas no discurso podem ser indicativas das ansiedades colectivas, dos desejos compartilhados ou das divisões subjacentes na sociedade. Ao escavar essas camadas, visamos compreender não apenas o que foi dito, mas o porquê e como isso ressoa na complexa teia de relações humanas.

DEMOCRACIA COMO EXPRESSÃO DA COMPLEXIDADE COLECTIVA

Voltamo-nos para a democracia como uma expressão da complexidade colectiva. O discurso presidencial, ao abordar questões políticas, inevitavelmente toca na natureza da democracia e na participação cidadã. A democracia não é apenas um sistema político, mas um reflexo da diversidade de vozes, perspectivas e demandas que caracterizam uma sociedade.

Ao examinarmos o discurso à luz da democracia, questionamos como as diferentes facetas da complexidade humana se manifestam no processo democrático. Quais são os desafios enfrentados ao conciliar opiniões diversas? Como a representação política lida com a multiplicidade de identidades e aspirações presentes na sociedade? A democracia, quando entendida como uma interseção de complexidades individuais, revela-se como um experimento social dinâmico.

A análise não se limita à estrutura formal da democracia, mas estende-se aos princípios subjacentes de justiça, igualdade e participação. Como esses valores são interpretados e traduzidos em políticas concretas? Como a complexidade das relações sociais influencia a eficácia e a legitimidade do sistema democrático? Estas são questões que nos guiarão na exploração da democracia como uma expressão viva da complexidade colectiva.

SOCIEDADE CONTEMPORÂNEA E OS DESAFIOS DA COMPLEXIDADE

À medida que avançamos, confrontamo-nos com a sociedade contemporânea e seus desafios intrincados. A rápida evolução tecnológica, as mudanças culturais aceleradas e os desafios globais impõem uma complexidade única ao tecido social. O discurso presidencial, ao abordar temas contemporâneos, torna-se um ponto de entrada para a compreensão das interações complexas entre o indivíduo e a sociedade neste contexto.

Examinaremos como as tecnologias emergentes afetam não apenas a economia e a política, mas também a experiência individual. A globalização, embora conecte comunidades distantes, também traz consigo desafios de identidade e pertencimento. A complexidade da sociedade contemporânea se desdobra na interseção de tradição e inovação, local e global, individual e colectivo.

A busca por respostas às questões prementes da actualidade exige uma compreensão aprofundada da complexidade humana. Como indivíduos e como sociedade, enfrentamos dilemas éticos, desafios ambientais e questões de justiça social que demandam uma abordagem holística. Ao analisarmos o discurso presidencial, buscamos desvendar como as políticas propostas respondem a esses desafios complexos e como a sociedade se posiciona diante deles.

O INDIVÍDUO E A TEIA DE RELAÇÕES SOCIAIS

Ao direcionarmos nosso olhar para o indivíduo imerso na intricada teia de relações sociais, buscamos compreender a complexidade humana, expressa não apenas em estruturas sociais abstratas, mas também nas interações diárias que compõem o cotidiano das pessoas. O discurso presidencial, ao abordar questões sociais, serve como uma lente única para examinar como as relações interpessoais refletem e moldam a complexidade da sociedade.

Exploramos as dinâmicas familiares, as relações comunitárias e as interações cotidianas à luz das palavras do Presidente, questionando como as políticas propostas impactam essas relações fundamentais. A análise se estende para além do aspecto estrutural, adentrando as questões mais íntimas: Como a sociedade lida com as tensões entre a autonomia individual e as demandas colectivas? Analisamos o discurso nesta perspectiva para desvendar como as escolhas políticas reverberam na experiência mais íntima do cidadão.

A complexidade da teia de relações sociais também se manifesta na diversidade de identidades e perspectivas presentes na sociedade. Ao considerar o discurso como um reflexo dessa diversidade, indagamos como as políticas propostas promovem a inclusão e o respeito pela multiplicidade de vozes.

MOSAICO DA COMPLEXIDADE COTIDIANA

Aprofundamos nossa análise neste ponto, dirigindo o foco para as palavras do Presidente ao abordar questões sociais. Elas servem como um prisma revelador das dinâmicas familiares, das relações comunitárias e das interações diárias entre os cidadãos. Na exploração, desvendamos como as políticas propostas reverberam nessas relações fundamentais. Como as escolhas políticas impactam a dinâmica das famílias e a interconexão dentro das comunidades?

O discurso presidencial oferece uma perspectiva única sobre como a sociedade lida com as tensões entre a autonomia individual e as demandas colectivas. A análise aprofundada nos permite desvelar as complexas negociações entre a liberdade individual e as necessidades da coletividade, destacando o papel central das políticas na definição dessas fronteiras.

Além disso, a complexidade da teia de relações sociais se reflete na diversidade de identidades e perspectivas presentes na sociedade. Ao considerar o discurso como um espelho dessa diversidade, questionamos como as políticas propostas promovem a inclusão e o respeito pela multiplicidade de vozes. A análise cuidadosa nos leva a compreender como as escolhas políticas reverberam na experiência mais íntima e pessoal de cada cidadão, moldando a tessitura do mosaico humano que compõe a sociedade.

ÉTICA E VALORES NA TOMADA DE DECISÕES

Dirigimos nossa atenção para a ética e os valores que permeiam a tomada de decisões, tanto a nível individual quanto político. O discurso presidencial, ao propor políticas e delinear visões para o futuro, está intrinsecamente ligado a escolhas éticas que moldam a sociedade. Analisaremos como essas escolhas refletem e, por sua vez, influenciam a complexidade dos valores que orientam a acção humana.

A complexidade ética se desdobra em questões como justiça, igualdade e responsabilidade. Como as decisões políticas abordam dilemas éticos intrincados, como distribuição de recursos, direitos humanos e equidade? A análise do discurso nos permitirá mergulhar nas fundamentações éticas subjacentes às propostas políticas, bem como nas tensões morais que permeiam as escolhas políticas.

Além disso, consideraremos como os valores individuais se entrelaçam com os valores colectivos, criando uma trama ética complexa que molda a sociedade. O discurso presidencial, ao expressar visões para o futuro, revela não apenas as prioridades políticas, mas também as concepções éticas que fundamentam essas prioridades.

IDENTIDADE NACIONAL E DIVERSIDADE CULTURAL

Ao adentrarmos este trecho da reflexão, mergulhamos na intrincada interação entre identidade nacional e diversidade cultural, delineada com maestria no discurso presidencial. A riqueza das diversas formas de identidade que coexistem em nossa sociedade se desdobra diante de nós. O líder, ao expressar sua visão, inevitavelmente aborda a complexa questão da identidade nacional e como ela se entrelaça com a vibrante tapeçaria da diversidade cultural.

Este exame meticuloso concentra-se em como o discurso presidencial reconhece e celebra a diversidade étnica, linguística e cultural em Angola. Como as políticas propostas buscam promover a inclusão e preservar as distintas identidades culturais? A complexidade da identidade nacional não só se manifesta na coexistência de diferentes grupos, mas também nas tensões e negociações que definem o que significa pertencer a uma nação.

Num mundo cada vez mais interconectado, as dinâmicas globais tornam-se um componente vital dessa análise. Como o discurso presidencial lida com a preservação da identidade cultural diante das influências externas? Este é um mergulho profundo nas complexas interações entre identidade nacional e diversidade cultural, revelando como esses elementos moldam e são moldados pelo discurso político sem perder de vista a riqueza intrínseca da nossa própria identidade como nação.

EDUCAÇÃO COMO FERRAMENTA DE COMPREENSÃO DA COMPLEXIDADE

Neste novo capítulo, dirigimos nossa atenção à educação como uma ferramenta fundamental para decifrar e gerir a complexidade humana. O discurso presidencial, ao abordar questões educacionais, oferece vislumbres sobre como a sociedade percebe o papel crucial da educação na formação de indivíduos capazes de lidar com as nuances da complexidade.

Ampliamos a análise além das políticas educacionais, explorando como o sistema de ensino contribui para a compreensão da diversidade de perspectivas e a promoção do pensamento crítico. A educação emerge não apenas como um facilitador do conhecimento acadêmico, mas como uma força moldadora que prepara os cidadãos para navegar por um mundo intrincado e interconectado.

Este exame mais profundo permite-nos não só avaliar as prioridades delineadas no discurso em relação à educação, mas também desvendar a importância atribuída à formação de uma sociedade capaz de enfrentar os desafios contemporâneos. Adentramos assim em uma exploração da educação como uma ferramenta essencial para capacitar os cidadãos a compreender e lidar com a complexidade humana em todas as suas facetas.

EDUCAÇÃO PARA A DIVERSIDADE DE PERSPECTIVAS E PENSAMENTO CRÍTICO

À medida que mergulhamos mais profundamente na análise do discurso presidencial, torna-se evidente que a educação não é apenas um meio de transmitir informações, mas um instrumento vital para cultivar a diversidade de perspectivas e promover o pensamento crítico.

O líder, ao articular sua visão educacional, não apenas delineia o que os cidadãos devem aprender, mas como devem aprender. A promoção da diversidade de perspectivas é vital para o enriquecimento cultural e intelectual de uma sociedade. A educação, nesse contexto, não é apenas um processo unidirecional, mas uma troca dinâmica de ideias que desafia e expande os limites do conhecimento.

A capacidade de pensar criticamente é, talvez, uma das ferramentas mais essenciais que a educação proporciona. Ela capacita os indivíduos a questionar, analisar e avaliar informações de maneira independente, contribuindo para uma sociedade mais dinâmica e adaptável. O discurso presidencial, ao abordar a importância da educação, reflete a compreensão de que uma população educada não é apenas aquela que acumula conhecimento, mas aquela que pode aplicar esse conhecimento de maneira reflexiva e inovadora.

Educação como Ferramenta para a Igualdade e Participação Cívica

No prosseguimento da nossa análise, adentramos um aspecto crucial da educação delineado no discurso presidencial: seu papel como ferramenta para promover a igualdade de oportunidades e garantir uma participação cívica plena.

O líder, ao abordar questões educacionais, reconhece que o acesso equitativo à educação é um pilar fundamental para reduzir disparidades sociais. A exploração filosófica e sociológica nos convida a refletir sobre como as políticas educacionais propostas visam mitigar desigualdades, proporcionando a todos os cidadãos uma base sólida para construir seus futuros.

Além disso, a análise se estende à forma como a educação contribui para a participação cívica. Uma sociedade educada é uma sociedade mais envolvida, onde os cidadãos têm as ferramentas para compreender as complexidades dos processos políticos, contribuindo assim para a construção de uma nação mais robusta e inclusiva.

ECONOMIA, DESIGUALDADE E COESÃO SOCIAL

Ao avançarmos, mergulhamos na análise das interconexões entre economia, desigualdade e coesão social, conforme delineado no discurso do presidente. Este trecho proporciona uma visão detalhada de como as escolhas econômicas moldam a estrutura social e afetam a dinâmica entre diferentes estratos da sociedade.

O discurso destaca a necessidade de enfrentar a complexidade das relações econômicas para promover um ambiente mais equitativo. Nos incita a considerar como as políticas propostas abordam questões críticas, como distribuição de recursos, acesso a oportunidades de emprego e justiça econômica.

Ao ampliarmos nosso olhar, percebemos que a economia não existe isoladamente, mas está entrelaçada com outras dimensões da complexidade humana. A análise se estende para compreender como as polítiças econômicas podem impactar não apenas a estrutura financeira da sociedade, mas também áreas vitais como educação, saúde e participação cívica.

Assim, a importância de abordar a economia de maneira holística, reconhecendo suas implicações sociais e sua contribuição para a tessitura complexa da vida em sociedade. Este entendimento aprofundado é essencial para promover escolhas políticas informadas e construir uma sociedade mais justa e equitativa.

ECONOMIA, DESIGUALDADE E COESÃO SOCIAL: ALÉM DAS FRONTEIRAS FINANCEIRAS

Adentrando ainda mais nas nuances deste tema, a análise das inter-relações entre economia, desigualdade e coesão social revela-se como um convite para desbravar territórios mais amplos do que a mera distribuição de recursos e oportunidades.

A economia, enquanto catalisadora da complexidade social, não se limita a números e gráficos; ela configura a estrutura que sustenta as relações entre os cidadãos. O discurso presidencial, ao abordar questões econômicas, convoca a sociedade a contemplar não apenas a disparidade de renda, mas também a qualidade de vida, a mobilidade social e a participação de todos nas decisões colectivas.

Nessa análise mais profunda, torna-se claro que a economia é intrinsecamente interligada a outras dimensões da complexidade humana. A educação, por exemplo, surge como uma peça crucial no quebra-cabeça, moldando não apenas a força de trabalho, mas também a capacidade da sociedade de compreender e lidar com a intricada teia de relações sociais.

Além disso, a análise destaca como as escolhas econômicas reverberam nas questões de saúde, acesso a serviços básicos e na capacidade dos cidadãos de participar plenamente na vida cívica. Portanto, é uma jornada para além das fronteiras financeiras, uma incursão na essência das políticas econômicas como força motriz da coesão ou fragmentação social.

Ao compreendermos o discurso presidencial sob essa perspectiva, somos instigados a pensar em soluções que vão além de meros ajustes econômicos, buscando um equilíbrio que promova não apenas o crescimento financeiro, mas também a prosperidade e bem-estar de toda a sociedade.

SUSTENTABILIDADE AMBIENTAL E COLECTIVIDADE RESPONSÁVEL: O ECOSSISTEMA DA VIDA

Na virada para o último tema, mergulhamos na complexidade da relação entre a sustentabilidade ambiental e a responsabilidade colectiva. O discurso presidencial, ao abordar as questões ambientais, não apenas desenha cenários de preservação, mas convoca a sociedade para um papel ativo na construção de um ecossistema de vida mais equilibrado.

Ao analisar as políticas propostas, é imperativo compreender como a sociedade lida com os desafios inerentes à mudança climática, à preservação da biodiversidade e à gestão dos recursos naturais. Esse último tema não é apenas um epílogo, mas uma reflexão profunda sobre como as escolhas políticas moldam o relacionamento intrincado entre seres humanos e o planeta.

Além disso, a análise revela conexões sutis entre a sustentabilidade ambiental, ética, economia e identidade cultural. A compreensão de que as acções em prol do meio ambiente não ocorrem em um vácuo, mas se entrelaçam com diversas dimensões da complexidade humana, ressalta a necessidade de uma abordagem holística.

Portanto, não é apenas um ponto final, mas uma porta de entrada para uma mentalidade de colectividade responsável. O convite é para que cada cidadão perceba sua parte na preservação do planeta e entenda que a sustentabilidade não é uma tarefa exclusiva de governos, mas uma responsabilidade compartilhada por todos.

Encerramos nossa jornada filosófica e sociológica, não com um adeus, mas com um convite para levarmos adiante as reflexões suscitadas pelo discurso do Presidente José Eduardo dos Santos. Que esta exploração inspire não apenas a compreensão, mas a acção, na construção de um futuro mais justo, inclusivo e sustentável.